SEIZE BUSTES DE CARRIÈS

PATINÉS PAR L'AUTEUR

TABLEAUX, AQUARELLES

---

12 AVRIL 1894

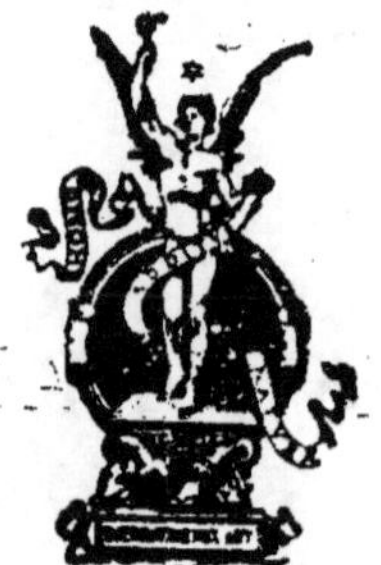

ÉTUDE DE Mᶜ GUSTAVE COULON

COMMISSAIRE-PRISEUR

56, Faubourg Montmartre, 56

VENTE

aux enchères publiques

DE

SEIZE BUSTES DE CARRIÈS

PATINÉS PAR L'AUTEUR

ET DE

TABLEAUX, AQUARELLES

HOTEL DROUOT, SALLE Nᵒ 1

Le Jeudi 12 Avril 1894

à 3 heures

COMMISSAIRE-PRISEUR
Mᵉ G. COULON
56, Fg Montmartre, 56

EXPERT
M. VANNES
54, Fg Montmartre, 54

EXPOSITION PUBLIQUE

Le Mercredi 11 Avril 1894, de 2 h. à 5 h. 1/2

CONDITIONS DE LA VENTE

La vente sera faite *expressément* au comptant.

Les acquéreurs payeront, en sus des adjudications, *cinq pour cent*, applicables aux frais de la vente.

L'exposition mettant le public à même de se rendre compte de l'état des objets, aucune réclamation ne sera admise une fois l'adjudication prononcée.

Imp. de l'Art, E. Moreau et Cie, 41, rue de la Victoire

PRÉFACE

La collection de busies et de têtes qui
va être dispersée et dont voici le catalo-
gue, est certainement une des plus
remarquables qui se puissent rencontrer;
le sculpteur qui les a exécutés, M. Carriès, y a non seulement apporté son
extraordinaire puissance de facture,
mais il les a habillés de patines dont
il a le secret, et qui font de chacun une
pièce incomparable et unique.

Lorsque je rencontrai cet artiste
pour la première fois c'était, — il y a
bien longtemps, — rue Vivienne, au

Cercle des Arts libéraux, de défunte mémoire; il y avait là une série de têtes, de bustes aux expressions dolentes, et ce fut une révélation dans le monde des arts. Quand on regarde la collection de M. F. C., la révélation se change en admiration sans réserve en constatant à quelle robustesse d'exécution et à quelle solidité de talent l'artiste est parvenu. Ce sont des têtes, des bustes conçus en dehors des règles convenues, mais conçus dans le seul but de rendre la vie, d'interpréter les êtres dans le mouvement qui leur est propre, avec leur expression cérébrale, qui fait le masque plus ressemblant que la précision même de la ligne.

M. Carriès, comme les artistes du moyen âge, est un merveilleux ouvrier qui joue de son métier avec la plus formidable virtuosité; et je dis *formidable* parce que sa sûreté de main lui fait accomplir des tours de force et oser des audaces qui nous déplairaient avec une exécution moins habile. D'autre part, les tons, d'une discrétion si juste, dont il rehausse ses figures, le travail étonnant d'harmonie chromatique auquel il demande l'achèvement de ses plâtres, leur donne ce je ne sais quoi où se révèle l'art le plus élevé, l'inspiration la plus vigoureuse.

Et notez que M. Carriès ne s'enferme pas dans une formule : rien de plus varié que la collection qui sera vendue. Le *Guerrier* a le visage mat sous le casque aux arêtes dures de métal. Le *Mendiant* est terreux et terrible de misère désespérée, sous son couvre-chef où des siècles ont plu ; le *Mage* est d'une majesté sereine ; le *Franz Hals,* superbe de saine jovialité ; le *Vieux tragédien*, se souvenant de son profil de César romain, semble enfermer dans ses rides profondes le regret des triomphes d'antan ; la *Châtelaine*, en son corsage Renaissance, laisse épanouir sur sa joue pâle la fleur de son sourire anémique, comme il sied aux belles dames, tandis que l'*Évêque*, les épaules alourdies par les pesantes broderies de la chape, dessine sous l'ampleur de la mitre son visage osseux d'ascète, et sa lèvre où grimace une volonté ironique; et les *Enfants*, endormis, et le *Jeune poète Renaissance*, et la *Femme anversoise*, tout cela est beau, exceptionnellement beau, et l'homme à qui l'on doit cette joie des yeux et de l'esprit, cet homme-là est un maître.

Mais il n'est telle collection, réunie avec un soin jaloux, dont l'heure ne sonne d'être dispersée ; l'heure de celle-ci est venue et nous sommes convaincu que cette dispersion, à cause de l'importance qu'elle présente, marquera parmi les incidents de l'année artistique.

L. ROGER-MILÈS.

4 Avril 1894.

DÉSIGNATION

ŒUVRES DE CARRIÈS

1 — *Femme anversoise*. Grand buste.

2 — *Franz Hals*. Grand buste.

3 — *Jules Breton en costume d'atelier*. Grand buste. 1885.

4 — *Le Vieux Tragédien*. Grand buste.

5 — *Tête de jeune homme*. Grand buste.

6 — *Le Vieux Mendiant*.

7 — *Jeune Poète Renaissance*.

8. — *L'Évêque Moyen-Age, chapé et mitré.*

La patine de ce buste est des plus remarquables.

9 — *Femme en costume du XVIe siècle. Grand buste.*

10 — *L'Enfant à la chemisette.* Tête.

11 — *Fillette au petit bonnet.* Tête.

12 — *Enfant couché.* Tête. Patiné vieux buis.

13 — *Gambetta.* Grand buste.

14 — *Gambetta.* Petit buste.

15 — *Le Boudhiste.* Buste.

16 — *Le Guerrier, patiné vert antique.* Buste.

Nota. — Tous ces bustes en plâtre ont été patinés PAR L'AUTEUR.

TABLEAUX, AQUARELLES

17 — **André** (**Ch.**). *Paysage.*

18 — **Alarcon.** *Le Printemps.*

19 — **Aublet.** *Intérieur.* Dessin.

20 — **Bodmer** (**Karl**). *Le Retour de l'infidèle.* Eau-forte avant la lettre.

21 — **Brémont.** *Entrée de village.* Peinture.

22 — **Clairin.** *Épisode de l'occupation de Venise par l'armée française sous le Premier Empire.*

23 — **Clairin.** *La Jolie Veuve.*

24 — **Charlet.** *Soldat du premier Empire.*

25 — **Corot**. *Paysage*.

26 — **Gagliardini**. *Les Pêcheuses*.

27 — **Gœneutte** (**Norbert**). *Femme égyptienne*.

28 — **Gœneutte** (**Norbert**). *Jeune Femme*.

29 — **Guillemet**. *Paysage*.

30 — **Guth**. *L'Homme au petit manteau*. Fusain.

31 — **Guth**. *Portrait de M. Antoine, directeur du Théâtre-Libre*. Aquarelle.

32 — **Guth**. *Portrait de M. Auguste Vacquerie*. Aquarelle.

33 — **Guth**. *Portrait de M. Antonin Mercié*. Aquarelle.

Guth. *Portrait de M. Bonnat dans son atelier.* Aquarelle.

35 — **Haakman.** *Départ pour la pêche.*

36 — **Haakman.** *Bateau louvoyant.*

37 — **Lefèbvre (Robert).** *Portrait de femme du premier Empire.*

38 — **Laloue.** *Bords de l'Oise.* Gouache.

39 — **Leroux (Constantin).** *Le Couvert, à Carolles.*

40 — **Maurice Orange.** *Gontcha ; femme de Séville.*

41 — **Penne (de).** *Chiens.*

42 — **Petit (E.).** *Fleurs.*

43 — **Tanoux**. *Les Cuisiniers.*

44 — **Trouillebert**. *Le Pêcheur.*

45 — **Tullon** (**P.**). *Paysage d'Auvergne après la pluie.*

46 — **Tullon** (**P.**). *Trois Pommes.*

47 — **Vollon**. *Nature morte.*

48 — **Yon** (**Ed.**). *Paysage.*

Aquavit [illegible]

[illegible]   95

[illegible]

[illegible]   [illegible]

[illegible]   290